LILIANA IACOCCA   MICHELE IACOCCA

O que fazer?

Falando de convivência

- Altamente Recomendável para a Criança, categoria Livro Informativo, pela FNLIJ, 1993.
- Prêmio APCA/1993 de Melhor Livro de Literatura Infantil.

O que fazer? – Falando de convivência
© Liliana e Michele Iacocca, 1993

Gerente editorial	Claudia Morales
Editoras	Lenice Bueno da Silva/Lavínia Fávero
Editores assistentes	Anabel Ly Maduar/Fabrício Valério
Coordenadora de revisão	Ivany Picasso Batista

ARTE
Projeto de capa	Vinicius Rossignol Felipe
Editores	Alcy/Vinicius Rossignol Felipe
Diagramador	Claudemir Camargo
Produção gráfica	Ademir C. Schneider
	Regina Iamashita Yokoo
	Aluízio Johnson

CIP-BRASIL. CATALOGAÇÃO NA FONTE
SINDICATO NACIONAL DOS EDITORES DE LIVROS, RJ.

I12o
17.ed.
Iacocca, Liliana, 1947-2004
  O que fazer? : falando de convivência / texto Liliana Iacocca ; ilustrações Michele Iacocca. - 17.ed. - São Paulo : Ática, 2011.
  48p. : il. - (Pé no chão)

  ISBN 978-85-08-14354-2

  1. Convivência - Literatura infantojuvenil. 2. Relações humanas - Literatura infantojuvenil. 3. Ficção infantojuvenil brasileira. I. Iacocca, Michele, 1942-. II. Título. III. Título: Falando de convivência. IV. Série.

10-5049.   CDD: 028.5
                                        CDU: 087.5

ISBN 978 85 08 14354-2 (aluno)
ISBN 978 85 08 14355-9 (professor)
Código da obra CL 737328

2023
17ª edição
10ª impressão
Impressão e acabamento: Edições Loyola

Todos os direitos reservados pela Editora Ática, 1993
Av. Otaviano Alves de Lima, 4400 – CEP 02909-900 – São Paulo, SP
Atendimento ao cliente: 4003-3061 – atendimento@atica.com.br
www.atica.com.br

IMPORTANTE: Ao comprar um livro, você remunera e reconhece o trabalho do autor e o de muitos outros profissionais envolvidos na produção editorial e na comercialização das obras: editores, revisores, diagramadores, ilustradores, gráficos, divulgadores, distribuidores, livreiros, entre outros. Ajude-nos a combater a cópia ilegal! Ela gera desemprego, prejudica a difusão da cultura e encarece os livros que você compra.

O que você faria...

... se sua mãe estivesse separada do seu pai e aparecesse com um namorado novo?

... se a professora mandasse você ficar em silêncio, mas todo mundo estivesse conversando?

... se você fosse negro e descobrisse que a maioria dos seus colegas é racista?

... se alguém soltasse um pum ao seu lado?

NOSSA! ESSA É DIFÍCIL!

AÍ EU NÃO SABERIA MESMO O QUE FAZER.

NEM EU.

ESSA É ENGRAÇADA!

... se alguém parasse você na rua e pedisse seu tênis novinho em folha?

... se você visse alguém se aproveitando de outra pessoa que não pode se defender?

... se você fosse à casa de uma colega e descobrisse que ela é muito pobre?

... se seu pai lhe desse uma bronca porque o rádio está quebrado, mas o culpado é seu irmão?

EU, HEIN?

... se todo mundo elogiasse seu colega pelo trabalho escolar, mas quem fez tudo foi você?

... se alguém inventasse uma coisa feia a seu respeito?

... se uma garota comentasse com as amigas que está apaixonada por você?

... se seu avô reclamasse porque você arrotou na mesa?

TÁ BOM, JÁ CHEGA!

... se na sua turminha os meninos levassem sempre vantagem?

... se o valentão da classe viesse provocar você?

... se você fosse almoçar na casa de um amigo e servissem a comida que você mais odeia?

CADA UMA QUE ACONTECE COM A GENTE, NÃO É?

Quantas perguntas!

Você respondeu de um jeito, outras crianças responderam diferente, teve quem nem quis saber, quem discutiu e quem ficou pensando no assunto. As perguntas também poderiam ser muitas. Mil, duas mil, três mil e assim por diante... Só lembrando pequenas situações que enfrentamos no dia a dia e na convivência com os outros. Na nossa casa, na rua, na escola, na cidade em que moramos, em todos os lugares vivemos junto com as pessoas. Há momentos em que tudo é muito fácil e gostoso, mas também há momentos em que não sabemos muito bem o que deve ser feito.

Desde o homem que morava nas cavernas.

Que confusão!

O QUE É CERTO?
O QUE É ERRADO?
COMO SER?
COMO AGIR?

O QUE É JUSTO?
O QUE É INJUSTO?
O QUE É BOM?
O QUE É MAU?

Era difícil chegar a alguma conclusão.

Foram séculos de conflitos, de guerras, de buscas e de tentativas. Os homens convivendo em grupos cada vez maiores. E enquanto surgiam e se formavam cidades, países e até grandes impérios, também apareciam pensadores, filósofos e líderes religiosos procurando respostas e novos caminhos.

SÓCRATES
(469-399 a.C.)
Que acreditava na bondade, no conhecimento, na felicidade e explicava suas ideias para a juventude.
"Conhece-te a ti mesmo."

CRISTO
Que pregava a igualdade
e a fraternidade entre todos.

E tudo isso para que
o homem aprendesse a viver melhor
e em harmonia com o seu semelhante,
com a natureza e com Deus.

Mas não era tão fácil assim.
Havia abusos, exploração, maus-tratos.
E alguns até se aproveitavam da religião para isso.

Alguns refletiam, outros estudavam, outros, ainda, pesquisavam. O Novo Mundo foi descoberto e houve um grande avanço nas ideias e nas ciências.

NICOLAU COPÉRNICO
(1473-1543)
Astrônomo polonês que, depois de anos e anos de pesquisas, falou: "A Terra move-se em torno do Sol". Muitos não acreditaram, mas ele insistiu.

ISAAC NEWTON
(1643-1727)
Astrônomo e matemático inglês que descobriu a Lei da Gravidade. Isto é, a atração que qualquer planeta ou qualquer outro corpo celeste exerce sobre outro corpo. Ele influenciou todos os que vieram depois dele.

GALILEU GALILEI
(1564-1642)
Físico e astrônomo italiano
que construiu
sua própria luneta
para observar o céu.
E desvendou os astros,
as constelações,
o Sistema Planetário,
toda a Via Láctea
e o firmamento.
Fez também com que
todos acreditassem no
que Copérnico havia dito.
Ele é chamado
"O Pioneiro do Céu".

O pensamento do filósofo alemão
IMMANUEL KANT (1724-1804)
foi muito importante para
acontecerem mudanças.
**"O homem é responsável
pelos seus atos e tem
consciência do seu dever."**

As pessoas passaram a desejar o fim das injustiças, mais liberdade e igualdade.

Aquele servo que só obedecia
queria melhorar sua vida.
E alguns reis que só mandavam
deixaram de ser reis.

E agora?

Agora tudo anda muito depressa.
Nós temos automóveis, televisores,
refrigeradores, aparelhos de som,
brinquedos eletrônicos...
Temos supercomputadores e nossos
fantásticos foguetes viajam pelo universo
para descobrir novas estrelas e satélites.
Basta apertar um botãozinho.
Sabemos rapidamente o que acontece
na China, na Austrália ou na Hungria.
Num só dia são vendidos milhões de tênis,
de camisetas, de jaquetas, de calças,
de bonés, de bicicletas, de motos...
É tanto que nem dá para pensar.

Muita coisa mudou...

A relação entre pais e filhos...	Entre o homem e a mulher...	Os jovens podem falar e se manifestar...

Os povos se comunicam cada vez mais...	A criança é mais respeitada pelos adultos...	O patrão sabe que seus empregados têm direitos...

As aspirações religiosas são mais livres e respeitam o desejo de cada um...	Os governos não podem mais abusar impiedosamente do povo...	A mulher passou a ser mais valorizada na sociedade e no mercado de trabalho

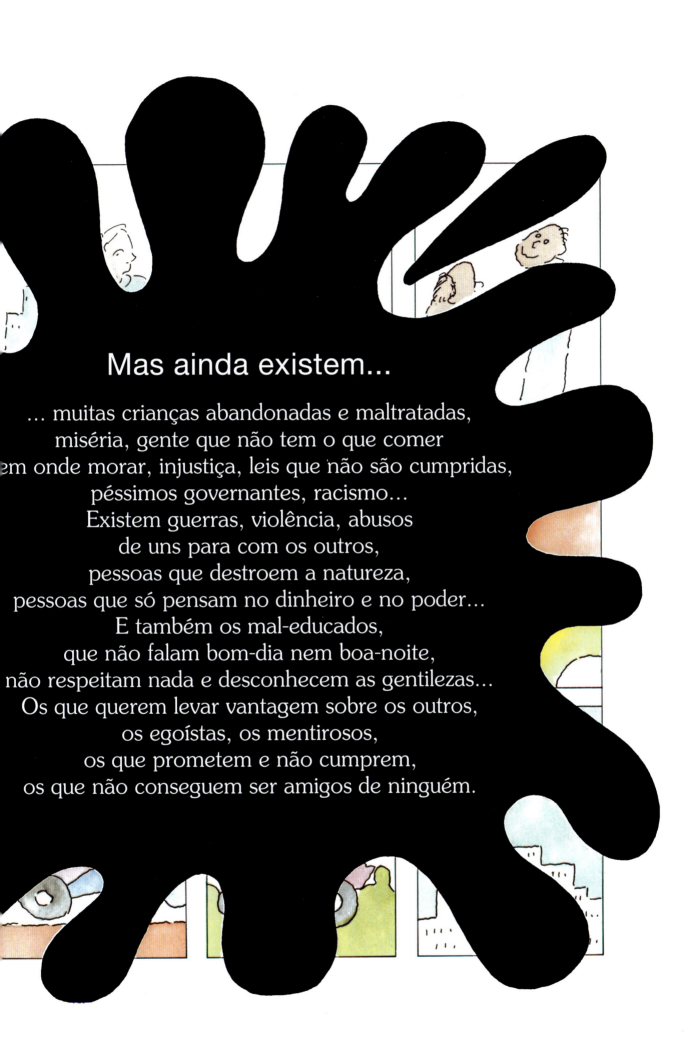

Mas ainda existem...

... muitas crianças abandonadas e maltratadas,
miséria, gente que não tem o que comer
nem onde morar, injustiça, leis que não são cumpridas,
péssimos governantes, racismo...
Existem guerras, violência, abusos
de uns para com os outros,
pessoas que destroem a natureza,
pessoas que só pensam no dinheiro e no poder...
E também os mal-educados,
que não falam bom-dia nem boa-noite,
não respeitam nada e desconhecem as gentilezas...
Os que querem levar vantagem sobre os outros,
os egoístas, os mentirosos,
os que prometem e não cumprem,
os que não conseguem ser amigos de ninguém.

O que fazer?

É bom tomar sorvete.

É bom também:

 BRINCAR, BRINCAR MUITO

 ESTUDAR E APRENDER MUITO BEM AS COISAS DE QUE A GENTE MAIS GOSTA

 DAR RISADA, SOLTAR GARGALHADAS

 RESPEITAR O GOSTO DE CADA UM
(tem gente que gosta de comer macarrão misturado com arroz e feijão no meio do pão... E daí?)

 GOSTAR DOS OUTROS

 FICAR ALEGRE
(mas também triste de vez em quando...)

 PRATICAR ESPORTES

 SONHAR
(não é divertido ter sonhos arrepiantes, doidinhos, sem começo nem fim, sem pé nem cabeça?)

 DEFENDER A PRÓPRIA OPINIÃO
(ou saber mudar quando não se tem certeza...)

 ANDAR
(e ficar olhando tudo o que está em volta...)

 AJUDAR QUEM PRECISA

 DESCOBRIR QUE NEM SEMPRE SE TEM RAZÃO

 TRATAR BEM DOS ANIMAIS

 PENSAR
(às vezes os pensamentos são muito brincalhões... Por que não se divertir com eles?)

 CUIDAR DA NATUREZA

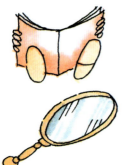
LER
(é só se acostumar, depois vira mania...)

GOSTAR DA GENTE COMO A GENTE É
(cada um é de um jeito...)

CUIDAR DAS PRÓPRIAS COISAS

CONVERSAR
(sem obrigar ninguém a colocar um esparadrapo na boca da gente...)

FALAR A VERDADE

RECEBER ELOGIO
(e também algumas broncas, por que não?)

LUTAR PELA IGUALDADE ENTRE TODOS
(torcendo para que logo, loguinho a miséria suma do mapa...)

CURTIR MÚSICA
(respeitando o ouvido dos outros...)

CHORAR QUANDO DÁ VONTADE
(sem ser à toa, é lógico...)

GOSTAR DO PAI E DA MÃE
DO JEITO QUE ELES SÃO
(muito, muitíssimo...)

FAZER UM POUCO DE MANHA
(de vez em quando, é claro...)

OUVIR
(os outros também têm coisas para dizer...)

INVENTAR
(inventar muito, mesmo que as invenções sejam maluquinhas...)

FAZER UMA BAGUNCINHA
(vale também uma briguinha, um palavrão que escapou da boca, uma cara amarrada... Mas vale falar "foi sem querer", "me desculpe" e outras explicações...)

CONVIVER BEM COM TODO MUNDO
(com os pais, com os irmãos, com a professora, com os colegas de classe etc... etc... etc... sem fim...)

TER AMIGOS

VER O SOL NASCER

OLHAR PARA A LUA QUANDO
A NOITE CHEGA

É bom
imaginar
o dia seguinte.